ROSAE SYNSTY

ÉTUDES SUR LES ROSES

DE LA

SECTION DES SYNSTYLÉES,

PAR

FRANÇOIS CRÉPIN.

GAND

IMPRIMERIE C. ANNOOT-BRAECKMAN, AD. HOSTE, Succ^r.

1887

Extrait du *Compte-rendu de la séance du 5 décembre 1886 de la Société
royale de botanique de Belgique.*

Bulletin, tome XXV, deuxième partie.

ROSAE SYNSTYLAE.

ÉTUDES SUR LES ROSES DE LA SECTION DES SYNSTYLÉES.

La découverte faite au Tonkin d'un nouveau type de
la section des *Synstylae* m'a engagé à étudier, d'une
façon détaillée, l'inflorescence de toutes les espèces de
ce groupe si naturel. Ce n'est qu'après de très longues
observations que je suis parvenu à bien saisir les caractères distinctifs des diverses inflorescences. En même
temps, j'ai soumis, à un nouvel examen, tous les autres
caractères attribués aux types de cette section.

Jusqu'à présent, l'inflorescence n'avait fait l'objet
d'aucune étude approfondie; les auteurs se sont généralement bornés à signaler le nombre plus ou moins
grand ou plus ou moins réduit des fleurs, la longueur ou

la brièveté des pédicelles, la forme et la longueur des bractées.

Dans divers passages de mes *Primitiae*, j'ai moi-même attiré l'attention sur plusieurs particularités de l'inflorescence qui avaient échappé à mes devanciers, et, récemment[1], j'ai indiqué un caractère de premier ordre fourni pour l'inflorescence selon qu'elle est normalement uniflore ou pluriflore. Ce caractère permet de diviser le genre en deux groupes : celui des *Uniflorae* ou *Ebracteatae* et celui des *Pluriflorae* ou *Bracteatae*. Dans les *Ebracteatae*, l'inflorescence est toujours réduite à une seule fleur, dont le pédicelle *naît directement* de l'entrenœud supérieur du ramuscule florifère sans donner, à sa base, naissance à une bractée. A ce type d'inflorescence, appartiennent les *R. pimpinellifolia, R. xanthina, R. sulfurea, R. minutifolia, R. sericea* et *R. laevigata.* Dans les *Bracteatae* ou *Pluriflorae*, l'inflorescence présente toujours des bractées et si, par appauvrissement, elle est réduite à une seule fleur, le pédicelle de celle-ci porte à sa base une ou deux bractées et naît d'un court entrenœud qui le répare de l'extrémité de l'entrenœud supérieur du ramuscule florifère. Ce caractère n'a cependant pas une constance absolue, car, dans la même espèce du groupe des *Bracteatae*, le même rameau peut présenter, parmi des inflorescences uniflores munies de bractées, d'autres inflorescences uniflores à pédicelles privés de bractées et *naissant directement* de l'entrenœud supérieur des ramuscules. Ces exceptions n'enlèvent rien, à mon sens, de la valeur taxinomique du caractère en question.

---

(1) *Bulletin*, t. XXIV, 2e partie, pp. 155 et 156.

Le genre *Rosa*, groupe certainement le plus travaillé de tout le règne végétal, a subi, pendant près d'un siècle, l'influence de la routine. Linné avait complètement méconnu les caractères essentiels des espèces et avait établi les principales différences spécifiques sur des états tout à fait variables de certains organes; ses idées fausses ont été presque généralement adoptées par ses successeurs. Lindley qui avait, pour son temps, étudié les Roses d'une façon très remarquable, n'avait pas échappé à l'influence de Linné. Aujourd'hui, on commence enfin à s'écarter de la voie où l'on s'égarait de plus en plus et qui avait fait supposer et même fait croire que le genre *Rosa* était un véritable chaos, où la nature n'avait pas établi de limites spécifiques. Je n'ai cessé de protester contre cette dernière opinion, qui est absolument erronée; j'espère que les faits exposés dans la suite de cette note démontreront, une fois de plus, que les espèces, dans le genre *Rosa*, se distinguent parfaitement les unes des autres par de nombreux caractères morphologiques et biologiques. Cette démonstration eut été produite depuis longtemps si l'on avait voulu quitter les chemins battus et rechercher d'autres caractères que ceux tirés principalement du revêtement extérieur des organes.

Pour ce qui concerne l'inflorescence, je ne m'occuperai ici que des *Synstylae*, réservant pour plus tard l'étude des autres sections. Dans les *Synstylae*, l'inflorescence peut, pour chacune de leurs espèces, varier d'une façon extraordinaire sous le rapport du nombre des fleurs. C'est ainsi que dans le *R. moschata* elle peut être réduite à une seule fleur ou produire jusqu'à 90 et même 100 fleurs. Le cas le plus habituel de cette inflorescence est d'être assez multiflore,

D'ordinaire, le *R. multiflora* présente une panicule très multiflore; rarement celle-ci est pauciflore. Le *R. Luciae*, qui est une espèce voisine du *R. multiflora*, a rarement une panicule très multiflore. Une variabilité analogue se présente dans les autres types, c'est-à-dire que le nombre des fleurs varie selon la situation et la vigueur des ramuscules florifères. On doit tenir compte de ces changements et se baser surtout sur l'état le plus fréquent des inflorescences pour bien apprécier les caractères distinctifs de chacune de celles-ci. Il faut donc pouvoir comparer des matériaux suffisamment nombreux.

Au point de vue de la forme générale, les inflorescences des *Synstylae* peuvent se répartir en deux groupes : les inflorescences *ombelliformes* et les inflorescences *pyramidales*.

Au premier groupe, appartiennent les *R. moschata, R. sempervirens, R. arvensis* et *R. microcarpa;* au second, les *R. multiflora, R. Luciae, R. Wichuraiana, R. tunquinensis, R. setigera* et *R. anemonaeflora*.

Le *R. phoenicia* possède une inflorescence qui forme comme un trait d'union entre les deux types précités; cependant il semble plutôt appartenir au type pyramidal.

L'inflorescence ombelliforme qu'on pourrait simplement appeler corymbe, de même que la panicule pyramidale, ne se renferme pas entre des lignes géométriques toujours les mêmes. C'est ainsi que le premier peut avoir ses fleurs assez régulièrement nivelées au sommet de l'inflorescence, ou former une surface plus ou moins bombée, et même parfois affecter plus ou moins une forme pyramidale; tandis que la seconde, dans certains cas de réduction florale, au lieu d'être pyramidale, affecte un facies plus ou moins ombelliforme. Ces variations peuvent parfois masquer le

vrai type de l'inflorescence et embarrasser l'observateur
qui ne dispose pas de matériaux suffisamment complets,
mais elles ne diminuent pas la valeur du caractère tiré des
deux modes d'inflorescence. Il va sans dire que toute diffé-
rence disparaît entre les diverses inflorescences quand
celles-ci se trouvent réduites à une seule fleur.

Dans le type ombelliforme, l'énergie de la ramification
se concentre vers le sommet de l'axe principal de l'inflorescence et à l'extrémité de ses ramuscules, tandis que dans
le type pyramidal cette énergie diminue de bas en haut de
l'axe principal et des ramuscules.

Un deuxième point important à considérer dans l'inflorescence des *Synstylae*, c'est le nombre des feuilles qui
accompagnent les ramuscules et la forme des bractées qui
leur succèdent. Tantôt, comme dans les *R. multiflora*,
R. Luciae et autres espèces, les feuilles sont brusquement
remplacées, sans transition aucune, par des bractées non
foliacées au sommet, tantôt, comme dans les *R. tunquinensis*, *R. phoenicia* et autres espèces, les feuilles 5- ou
7-foliolées se transforment insensiblement en feuilles uni-
foliolées, puis en bractées plus ou moins foliacées au
sommet : ordinairement, celles-ci cessent d'être foliacées
à la pointe vers l'extrémité supérieure de l'inflorescence.
Selon les espèces, le nombre des feuilles de l'inflorescence
varie de 1 à 2, 3, 4 ou même davantage.

Un troisième caractère distinctif qui me paraît excellent
est celui tiré de l'articulation des pédicelles. Ceux-ci nais-
sent soit sur l'axe principal de l'inflorescence, soit sur les
axes secondaires, mais jamais directement. Ils sont sépa-
rés de ces axes par un pédoncule plus ou moins long ou
plus ou moins court et le point de jonction de celui-ci
avec le pédicelle est marqué par une articulation pourvue.

ordinairement de deux bractéoles. Chez deux espèces de la section des *Synstylae*, les *R. multiflora* et *R. Luciae*, le pédoncule est tellement court qu'il paraît nul, de façon que les pédicelles semblent être dépourvus de pédoncules. Je dis, dans ce cas, que l'articulation est *basilaire*. Il s'en suit que les bractéoles sont très rapprochées et touchent, en quelque sorte, soit l'axe principal de l'inflorescence, soit la dernière division des ramifications secondaires. Remarquons toutefois que cette extrême brièveté du support immédiat des pédicelles n'est bien caractéristique qu'à l'extrémité de l'axe principal de l'inflorescence et surtout au sommet des axes secondaires dans les trifurcations ultimes. Ce simple caractère de l'absence d'un pédoncule appréciable à la base des pédicelles permet, à lui seul, de ne pas confondre les *R. multiflora* et *R. Luciae* avec aucune autre espèce connue de la section. Pour ce caractère, comme pour tous les caractères en général, il n'y a rien d'absolu et en cherchant bien on peut découvrir parfois, chez les espèces à articulation non basilaire, certains pédicelles dépourvus ou presque dépourvus de pédoncule.

La forme, la longueur relative des bractées secondaires et des bractéoles, leur persistance ou leur caducité présentent, à leur tour, de bons caractères quand elles sont étudiées avec soin.

Enfin, la forme des ramifications de l'inflorescence n'est pas à dédaigner, car elle offre des différences qu'on peut utilement faire ressortir dans la description complète des espèces. Dans les types à inflorescence ombelliforme (*R. microcarpa*, *R. moschata*, *R. sempervirens* et *R. arvensis*), les ramifications secondaires naissant de l'axe principal sont presque toujours toutes de véritables pédon-

cules se trifurquant généralement dès leur premier entrenœud ou se terminant par une fleur naissant entre deux
bractées ou bractéoles opposées. Ce n'est que dans les inflorescences extrêmement vigoureuses et tout à fait excep-
tionnelles que la ramification inférieure ou les deux
ramifications inférieures peuvent présenter un ou deux
entrenœuds munis de simples bractées alternes non foliacées au sommet.

Dans les espèces à inflorescence pyramidale (*R. tunquinensis, R. multiflora, R. Luciae, R. Wichuraiana* et *R.
setigera*), la ramification inférieure et parfois plusieurs
ramifications inférieures, dans les panicules suffisamment
florifères, présentent un ou plusieurs entrenœuds munis
de feuilles alternes ou de bractées également alternes
foliacées ou non foliacées.

Je passe sous silence ici le *R. anemonaeflora*, parce que
je n'ai pu étudier d'assez nombreux matériaux pour bien
reconnaître l'allure habituelle des ramifications inférieures
de son inflorescence.

Quant au *R. phoenicia* qu'on pourrait parfois hésiter à
classer parmi les espèces à panicule franchement pyramidale, la ou les ramifications inférieures de l'inflorescence
présentent des entrenœuds munis de feuilles alternes
ou de bractées également alternes foliacées au sommet. Ce
caractère me donne lieu de penser que cette espèce doit
se ranger dans le groupe à panicule pyramidale.

Il semble donc y avoir une concomitance à peu près
complète entre la panicule pyramidale et l'existence de
ramifications inférieures à entrenœuds munis de feuilles
ou de bractées alternes.

Comme la présence de ces ramifications inférieures à
feuilles ou bractées alternes n'apparaît que dans les pani-

cules suffisamment développées, mais sans excès, et que,
d'autre part, le caractère s'atténue et même disparaît dans
un grand nombre d'inflorescences appauvries, je n'ai pas
cru devoir l'employer dans les diagnoses des espèces.

On peut donc reconnaître, par ce qui précède, combien
on a eu tort de négliger l'étude de l'inflorescence qui,
aujourd'hui, vient si utilement aider à la distinction des
types spécifiques.

C'est surtout l'inflorescence qui m'a permis de distinguer
le *R. tunquinensis* et de séparer le *R. Wichuraiana* du
R. Luciae.

Avant de donner les diagnoses des espèces de la section
des *Synstylae*, je vais passer en revue les divers caractères
spécifiques dont il n'a pas encore été parlé.

AIGUILLONS. — On a fini par admettre que les aiguillons,
malgré leur nature appendiculaire, offrent, dans leur
forme et leur disposition, de bons caractères distinctifs.
Tout d'abord, ils présentent deux types bien différents :
le type droit et le type arqué ou plus ou moins crochu;
ensuite, ils peuvent être épars ou régulièrement géminés
au sommet des entrenœuds. La forme et la disposition de
ces organes appendiculaires sont sujettes, il est vrai, à
quelques variations dans la même espèce, selon la place et
la vigueur des axes, mais elles présentent une constance
suffisante pour les considérer comme pouvant fournir des
caractères d'un ordre assez supérieur.

Dans les *Synstylae*, les aiguillons appartiennent au
type plus ou moins arqué ou crochu; ils ne sont qu'ex-
ceptionnellement droits dans certains axes grêles. D'une
espèce à l'autre, ils présentent certaines différences, mais
pour bien saisir celles-ci il faudrait se livrer à de longues
et patientes comparaisons. Il est toutefois à craindre que

les résultats de ces dernières ne soient difficiles à exprimer par des mots et ne soient d'un usage peu pratique dans les descriptions.

Une seule espèce de la section des *Synstylae,* le *R. multiflora* avait été décrite comme ayant des aiguillons régulièrement géminés sur tous ses axes. Ce caractère, déjà signalé par Lindley, n'est toutefois pas d'une constance absolue : parfois, certains ramuscules florifères ont les aiguillons épars.

Dans le *R. tunquinensis,* les aiguillons paraissent être régulièrement géminés, mais pour admettre ce caractère d'une façon définitive, il faudra qu'il soit constaté sur des matériaux plus nombreux que ceux que j'ai eu à ma disposition.

Sur les ramuscules florifères des *R. Luciae* et *R. Wichuraiana,* l'alternance des aiguillons est le cas le plus ordinaire; rarement les aiguillons sont géminés. Quant aux aiguillons des tiges, j'ai vu trop peu de matériaux pour me prononcer sur leur disposition.

GLANDES DES TIGES ET DES RAMEAUX. — L'apparition de fines glandes ou de sétules glanduleuses sur la tige et les rameaux est rare. Je l'ai constatée dans le *R. anemonae-flora* et dans certaines variétés des *R. moschata* et *R. arvensis.* Dans les *R. multiflora* et *R. setigera,* les glandes des pédicelles se prolongent parfois sur les entrenœuds de l'inflorescence.

FEUILLES. — Le nombre des paires de folioles dans les feuilles moyennes des ramuscules florifères et sur les tiges peut constituer un excellent caractère spécifique. Il est à remarquer que les feuilles ramusculaires moyennes présentent ordinairement le même nombre de folioles que les feuilles caulinaires.

Les *R. anemonaeflora* et *R. setigera* ont les feuilles

moyennes ramusculaires presque toujours 3-foliolées et les feuilles caulinaires 5-foliolées.

Les *R. sempervirens* et *R. phoenicia* ont les feuilles ramusculaires moyennes et caulinaires 5-foliolées.

Les *R. microcarpa*, *R. moschata*, *R. tunquinensis*, *R. Luciae* et *R. arvensis* ont les feuilles ramusculaires moyennes et caulinaires 7-foliolées.

Enfin, les *R. multiflora* et *R. Wichuraiana* ont les feuilles ramusculaires moyennes très souvent 9-foliolées.

Remarquons ici, comme cela a déjà été fait à propos d'autres caractères, qu'il n'y a pas une constance absolue dans le caractère tiré du nombre des folioles, mais la constance est néanmoins suffisante pour justifier l'emploi des chiffres indiqués.

Quant à la caducité et à la persistance des feuilles pendant l'hiver, il est fort difficile d'en faire usage pour la détermination des spécimens d'herbier. Du reste, pour bien établir le degré de persistance ou de caducité, il faudrait pouvoir étudier comparativement à la fois toutes les espèces à l'état vivant.

FOLIOLES. — A moins d'entrer dans de fort longs détails que ne comporte pas une diagnose, il est très difficile, pour ne pas dire impossible, de bien caractériser la forme des folioles, parce que celles-ci varient non-seulement de la base au sommet des ramuscules florifères, mais encore de la base au sommet de la feuille; en outre, les folioles des feuilles caulinaires sont différentes de celles de certaines feuilles ramusculaires. Dans une diagnose, on pourrait se borner à caractériser les folioles des feuilles moyennes ramusculaires.

Dans les Roses synstylées, les folioles sont généralement plus ou moins largement ou plus ou moins étroitement

ovales, largement ou étroitement arrondies à la base, assez
brièvement ou longuement atténuées au sommet.

Les folioles des *R. multiflora* et *R. Wichuraiana*
s'éloignent de cette forme : dans le premier, elles sont
presque toujours assez longuement obovales, sensiblement
atténuées à la base, obtuses ou subobtuses au sommet;
dans le second, elles sont souvent largement obovales-
arrondies, brusquement atténuées à la base ou bien elles
deviennent suborbiculaires. Dans quelques cas assez rares,
les folioles de ces deux espèces sont ovales.

Les dents foliaires varient d'une espèce à l'autre.
Dans les *R. microcarpa* et *R. anemonaeflora*, elles sont
petites et superficielles, tandis que celles du *R. phoenicia*,
par exemple, sont larges et profondes. Entre ces deux
formes, les autres espèces offrent des états intermédiaires.
Il en est de la forme des dents comme de la forme des
folioles, il faut, pour les caractériser exactement se livrer
à de très nombreuses comparaisons. Jusqu'à présent, on
n'a constaté de dents glanduleuses que dans les *R. moschata*, *R. arvensis* et *R. setigera*.

La consistance des folioles offre une difficulté analogue;
cependant si on pouvait étudier comparativement à l'état
vivant toutes les espèces de la section, on parviendrait
assez facilement à caractériser cette consistance.

Chez le *R. moschata*, les folioles sont souvent minces ou
assez minces, mais il existe des variétés où elles sont remarquablement épaisses; les *R. arvensis* et *R. phoenicia* les
ont plus minces que le *R. sempervirens;* le *R.Wichuraiana*
les a plus épaisses que les *R. multiflora* et *R. tunquinensis;* la consistance de celles du *R. Luciae* semble intermédiaire entre celles des *R. Wichuraiana* et *R. multiflora*.

La pubescence ou la glabréité foliaire n'offre pas de

caractère constant; la présence ou l'absence de villosité sur les folioles ne constitue que deux états qui peuvent se présenter alternativement dans presque toutes les espèces. Toutefois, comme l'un des deux états est plus habituel que l'autre, on peut employer avec utilité la fréquence ou la rareté de la villosité et de la glabréité.

Les *R. Wichuraiana* et *R. Luciae* ont presque toujours leurs folioles glabres, tandis que le *R. multiflora* les a presque toujours pubescentes; le *R. sempervirens* les a presque toujours glabres.

Jusqu'à présent, on n'a constaté de glandulosité qu'à la face inférieure des folioles du *R. moschata* (var. *Brunonii*).

STIPULES. — Le *R. microcarpa* possède des stipules libres ou presque libres, caractère qu'il partage avec les *R. Banksiae* et *R. laevigata;* toutes les autres Synstylées ont les stipules adnées, c'est-à-dire plus ou moins longuement adhérentes au pétiole.

Les stipules, dans le *R. multiflora*, sont longuement fimbriées, à laciniures beaucoup plus longues que le diamètre du limbe. Ce seul caractère permet de distinguer ce type de toutes les autres espèces de la section. Dans le *R. Wichuraiana*, les stipules sont ordinairement assez profondément dentées, mais les dents n'égalent pas le diamètre du limbe; dans le *R. Luciae*, elles sont finement denticulées, à denticules courts; dans le *R. tunquinensis*, elles sont plus profondément denticulées que dans le *R. Luciae*. Dans les autres espèces de la section, les bords des stipules sont munis de très petits denticules calleux ou glanduleux à la pointe[1]. Il se présente parfois des variations,

---

(1) Dans les diagnoses suivantes, j'ai employé l'expression de ciliés-glanduleux pour les bords stipulaires à cils calleux ou glanduleux, ou même pour les bords stipulaires à denticules très fins et très petits.

dans le *R. phoenicia* et *R. moschata*, par exemple, où les
denticules deviennent plus long qu'à l'ordinaire.

La largeur des ailes stipulaires paraît varier selon les
espèces. Dans le *R. Wichuraiana*, elles sont plus larges
que dans le *R. Luciae;* dans les *R. moschata* et *R. sempervirens*, elles sont plus étroites que dans les *R. arvensis* et
R. phoenicia. Leur longueur varie également selon les
espèces.

Quant à la forme et à la direction des oreillettes, elles
peuvent offrir, à leur tour, des notes distinctives d'espèce
à espèce. C'est ainsi que dans les *R. arvensis* et *R. phoenicia*, elles sont assez larges, dressées, tandis qu'elles sont
ordinairement très étroites et divergentes dans le *R. moschata.* Celles du *R. sempervirens* établissent une transition.

INDUMENT DES PÉDICELLES ET DU RÉCEPTACLE. — Dans sa
monographie, Lindley dit que la pubescence sur les
rameaux, les pédoncules et les réceptacles est le seul caractère invariable qu'il eût découvert dans les Roses. Aujour-
d'hui, il ne serait plus possible d'admettre cette invariabilité,
car la même espèce peut se présenter avec des branches,
des pédicelles et des réceptacles pubescents ou glabres,
comme avec des pédicelles et des réceptables lisses, ou
glanduleux. On ne peut donc pas établir de caractères
spécifiques sur l'absence ou sur la présence de la pubescence, du moins dans la section des *Synstylae ;* toutefois,
elle peut servir d'indice et diriger l'observateur dans
certains cas douteux.

Dans le *R. moschata*, les pédicelles et les réceptacles
peuvent être pubescents ou glabres; ils sont souvent
pubescents dans le *R. multiflora*, mais ils peuvent aussi
être glabres; dans le *R. microcarpa*, ils sont glabres ou
pubescents; dans les *R. Luciae* et *R. Wichuraiana*, je ne

les ai encore vus qu'à l'état glabre ; dans le *R. tunquinensis,*
ils sont ordinairement pubescents : plus rarement les
réceptacles sont glabres et les pédicelles très peu pubescents. Enfin, dans les *R. phoenicia, R. sempervirens,*
R. arvensis et *R. setigera,* les pédicelles et les réceptacles
sont glabres.

La glandulosité des pédicelles et des réceptacles est
plus ou moins abondante ou plus ou moins rare selon les
espèces.

FORME ET DIMENSION DU RÉCEPTACLE. — On sait que Linné
avait accordé une valeur considérable à la forme du réceptacle et que cette forme a même servi de base à d'anciennes
classifications des espèces. Aujourd'hui, on n'attache plus
qu'un intérêt très secondaire à la forme de cet organe.
Seulement, selon les espèces, dans les *Synstylae,* il est petit,
moyen ou gros, plus habituellement globuleux qu'ovoïde,
ou plus souvent ovoïde qu'arrondi. Sans attacher aux
dimensions ou aux formes une grande valeur, on peut
néanmoins signaler utilement l'état habituel du réceptacle.
Dans les *R. microcarpa* et *R. multiflora,* le réceptacle
fructifère est remarquablement petit et globuleux; dans le
R. Luciae, il est moins petit et souvent globuleux; dans
le *R. Wichuraiana,* il est encore globuleux et notablement
plus gros; dans le *R. moschata,* son volume est assez
variable : il est globuleux ou ovoïde; dans le *R. phoenicia,*
le réceptacle est habituellement ovoïde.

FORME DES BOUTONS. — La forme des boutons varie selon
les espèces. Elle se présente sous deux types principaux :
boutons largement ovoïdes, s'atténuant brusquement ;
boutons étroitement ovoïdes, s'atténuant insensiblement en
une pointe plus ou moins allongée.

Au premier type, appartiennent les *R. multiflora.*

R. Luciae, R. Wichuraiana, R. sempervirens, R. arvensis
et *R. setigera.*

Au second type; appartiennent les *R. moschata, R. tunquinensis, R. anemonaeflora* et *R. microcarpa.*

Les boutons de *R. phoenicia* semblent être intermédiaires
entre ces deux types.

Comme nous allons le voir, ces deux formes des boutons
correspondent à deux formes des sépales.

Sépales. — Dans les *R. multiflora, R. Luciae, R. Wichuraiana, R. sempervirens, R. arvensis* et *R. setigera*, la
lame des sépales est plus ou moins largement ovale et
s'atténue plus ou moins brusquement en une pointe courte
et effilée.

Les sépales, pas plus que les autres organes, n'échap-
pent aux variations; c'est ainsi que, dans certains cas,
ceux des espèces précédentes peuvent devenir assez étroitement lancéolés et insensiblement atténués au sommet.

Dans le *R. phoenicia*, la pointe s'élargit assez souvent
en une petite expansion foliacée.

Dans les *R. moschata, R. tunquinensis, R. anemonaeflora*
et *R. microcarpa*, la lame des sépales est lancéolée et
s'atténue insensiblement en une pointe effilée.

Quant aux appendices latéraux des sépales extérieurs,
ils peuvent être très utilement employés pour la distinction des espèces. On verra, d'après les diagnoses suivantes, que le nombre des appendices varie selon les
espèces et qu'il existe des types où ces appendices sont
rares ou nuls.

Corolle. — Le diamètre de la corolle peut varier dans
la même espèce. Ainsi le *R. moschata*, par exemple, qui a
ordinairement une corolle assez grande, se présente parfois avec des corolles petites. Cependant, il y a une con-

stance assez grande dans les dimensions de la corolle.

Celle du *R. microcarpa* est remarquablement petite; celle du *R. multiflora* l'est à peu près au même degré; celle du *R. Luciae* est sensiblement plus grande et celle du *R. Wichuraiana* est d'un diamètre supérieur à celle de ce dernier.

Quant à la couleur des pétales, elle est presque toujours blanche en plein épanouissement; elle est d'un rose assez vif dans le *R. setigera* et dans certaines variétés cultivées du *R. multiflora*.

La forme des pétales pourra, peut-être, servir à la distinction des espèces à titre de caractère secondaire. On pourra également tenir compte de l'écartement, de la contiguïté ou du recouvrement des pétales les uns par les autres. La villosité de la face inférieure des pétales, si remarquable dans la variété *longicuspis* du *R. moschata*, ne me paraît pas devoir être considérée comme un caractère spécifique.

STYLES. — Les styles qui sont réunis ou agglutinés en une colonne saillante, ce qui constitue un des principaux caractères de la section, sont glabres ou pubescents. Si la présence ou l'absence de villosité sur les styles n'offre pas une constance absolue, elle est cependant moins sujette à varier que sur les feuilles. On peut donc, à mon sens, attacher plus d'importance à la pubescence et à la glabriété des styles qu'à celles des organes foliaires.

Dans les *R. microcarpa*, *R. Wichuraiana*, *R. Luciae*, *R. moschata* et *R. tunquinensis*, la colonne stylique est toujours pubescente; tandis que dans les *R. multiflora*, *R. phoenicia*, *R. arvensis* et *R. setigera*, elle est toujours glabre. Dans le *R. sempervirens*, elle est ordinairement pubescente, et n'est glabre que par exception.

DIRECTION DES TIGES. — Comme on le sait, toutes les Roses synstylées sont à tiges sarmenteuses, qui, dans quelques espèces, peuvent atteindre une très grande longueur. Les *Synstylae* partagent le caractère sarmenteux avec les sections *Banksiae* et *Sinicae*.

Les tiges sont ordinairement dressées ou ascendantes, mais elles peuvent, dans certains cas, être recourbées et plus ou moins couchées sur le sol. Une espèce seule, le *R. Wichuraiana*, semble se distinguer des autres types par la direction constante de sa tige qui serait toujours appliquée sur la terre; cette tige devient même parfois radicante.

I.

DIAGNOSES DES ROSAE SYNSTYLAE.

A. *Stipulae liberae*

(Stipules non ou peu adhérentes au pétiole.)

1. — **Rosa microcarpa** Lindl.

(Syn. : *R. amoyensis* Hance.)

Inflorescence ombelliforme, assez multiflore, à 1 ou 2 *feuilles* 5-3-foliolées, *à bractées primaires linéaires ou sétacées, non foliacées au sommet,* ciliées-glanduleuses, *promptement caduques; pédicelles à articulation non basilaire, à bractéoles* sétacées, allongées, *promptement caduques; boutons assez étroitement ovoïdes,* insensiblement atténués en pointe effilée; *sépales lancéolés, insensiblement atténués* en pointe effilée, les *extérieurs à* 3-6 *appendices* latéraux longs et sétacés; corolle très petite; *colonne stylique* assez courte, épaisse, *pubescente; feuilles* moyennes des ramuscules florifères et feuilles de la partie moyenne des tiges *7-foliolées; folioles ovales, arrondies à la base,* plus ou moins longuement atténuées au sommet, glabres ou un peu pubescentes, à dents petites, superficielles; *stipules* libres ou presque libres, *sétacées,* ciliées-glanduleuses. *Aiguillons épars.*

Hab. — Chine.

Obs. — Cette Synstylée est extrèmement distincte et ne peut, dans aucun cas, être confondue avec une autre espèce de la section: elle occupe, dans celle-ci, une place à part, à cause de ses stipules libres ou presque libres et à la fin caduques, et de la brièveté de sa colonne stylique qui, néanmoins, atteint la hauteur des étamines. L'exsertion des styles est normale, constante, et n'est pas le résultat, sur les échantillons desséchés, d'une contraction du réceptacle due à la dessiccation. Dans le *R. Banksiae,* la dessiccation du réceptacle produit parfois une légère exsertion des styles, qui peut faire supposer que ceux-ci sont saillants au-dessus du col du réceptacle. A l'état frais, les styles du *R. Banksiae* sont complètement inclus.

Les détails que j'ai donnés, en 1874 et en 1880, sur le *R. microcarpa* me dispensent d'appuyer sur certaines particularités de cette espèce (conf. *Primitiae,* pp. 254-256, 522-523).

Dans les spécimens que je possède de Fooschow, recueillis par Hance, les boutons sont un peu plus courts, les sépales plus élargis, moins longs et moins appendiculés que dans les exemplaires de Shang-Haï (coll. Poli) et de Ningpo (coll. Savatier).

Tout récemment, l'un de mes amis, phytographe du plus grand mérite, me demandait si le *R. microcarpa* ne serait pas intimement lié au *R. Banksiae.* Il lui avait semblé que certaines particularités observées sur des échantillons de cette dernière espèce pouvaient faire soupçonner le *R. microcarpa* d'être la souche sauvage du *R. Banksiae.* Il y a certes entre les deux types quelques traits de ressemblance générale, mais il existe de telles différences essentielles qu'on ne peut s'arrêter un seul instant à l'idée d'une identité spécifique. Il est bien vrai que des auteurs ont réunis spécifiquement les deux Roses, mais cette réunion, il faut le dire, dénote une véritable aberration scientifique.

Petiver, au commencement du 18ᵉ siècle, avait déjà figuré le *R. microcarpa* sous le nom de *Rosa cheusan glabra, juniperi fructu*. C'est plus d'un siècle après que Lindley lui a donné son nom actuel.

B. *Stipulae adnatae.*

(Stipules longuement adhérentes au pétiole.)

2. — Rosa multiflora Thunb.

(Syn. : *R. polyantha* Siebold et Zucc., *R. intermedia* Carr., *R. thyrsiflora* Leroy, *R. Wichurae* K. Koch.)

Inflorescence pyramidale, ord. *très multiflore*, à 1 ou 2 *feuilles 7-5-3-foliolées, à bractées primaires ovales, non* ou très rarement *foliacées au sommet*, plus ou moins profondément pectinées, *assez promptement caduques; pédicelles à articulation basilaire, à bractéoles* lancéolées, *promptement caduques; boutons courts, ovoïdes-arrondis, brusquement atténués en pointe courte; sépales ovales, brusquement atténués en pointe courte*, les *extérieurs à 2-4 appendices* latéraux ord. très apparents; corolle petite; *colonne stylique* allongée, grêle, presque toujours *glabre; feuilles* moyennes des ramuscules florifères et feuilles de la partie moyenne des tiges ord. *9-foliolées; folioles* ord. *longuement obovales, assez fortement atténuées à la base*, obtuses, subobtuses ou brusquement aiguës au sommet, pubescentes, très rarement glabres, à dents larges; *stipules* adnées, *profondément laciniées*, à laciniures plus longues que le diamètre du limbe; *aiguillons* ord. *régulièrement géminés*.

Hab. — Japon et Chine.

Obs. — Dans les *Primitiae*, pages 123-126, 237-269, 524-531, je me suis très longuement étendu sur le *R. multiflora*.

La diagnose précédente a été rédigée sur une masse

considérable de matériaux spontanés et cultivés ; elle
résume les caractères principaux de l'espèce, mais ces
caractères peuvent ne pas toujours se trouver tous réunis
sur certains échantillons. C'est ainsi que parfois les bractées et les bractéoles peuvent persister pendant la floraison, que les sépales extérieurs sont peu appendiculés, que
les feuilles moyennes peuvent être seulement 7-foliolées,
que les folioles sont ovales au lieu d'être obovales. Ce sont
là des variations que le phytographe doit passer sous silence
dans une diagnose, à moins de tomber dans des détails qui
finiraient par devenir diffus.

J'ai autrefois exprimé des doutes sur la légitimité des
variétés *microphylla* et *calva* décrites par M. Franchet,
dans son *Enumeratio plantarum japonicarum ;* ayant revu
ces variétés[1], je suis aujourd'hui porté à croire que ce
sont bien des formes du *R. multiflora*.

Quant à la variété *trichogyna* décrite par le même
auteur, il est permis de conserver des doutes sur son
identité spécifique. Je suis à me demander si elle ne repré-
senterait pas cette Rose que M. T. Takasima a figurée
dans le *Journal des Roses* de M. Cochet (juillet 1886), et
qu'il dit croître dans les hautes montagnes des environs
d'Yédo (Fuji-no-yama). Cette Rose a la fleur plus grande
que celle du type du *R. multiflora* et ses pétales sont d'un
rose vif. Dans l'herbier de M. Franchet, j'ai vu un échantillon, rapporté des montagnes par un indigène et donné
à M. Savatier, qui semble appartenir au même type spécifique que cette variété *trichogyna*. Comme dans celle-ci, la

---

(1) M. Franchet a eu l'extrême bonté de me confier une seconde fois
toutes les Roses japonaises de son herbier, dans lequel se trouvent toutes
les récoltes de son collaborateur et ami M. le docteur Savatier.

fleur est assez grande, le bouton est plus allongé et plus étroit que dans le *R. multiflora,* les styles sont pubescents, les stipules sont brièvement denticulées et non laciniées; seulement les feuilles sont glabres et non pubescentes, les dents foliaires sont glanduleuses et l'axe ramusculaire est chargé de glandes fines.

Siebold et Zuccarini (*Florae Japonicae familiae naturales,* 1844) ont décrit un *R. polyantha* qu'ils disent voisin du *R. multiflora.* Dans mes *Primitiae,* pages 530 et 531, j'avais à peu près démontré que cette espèce n'était rien autre que le *R. multiflora.* Lors de mon passage à Munich, au mois d'août dernier, j'ai pu m'assurer que les échantillons authentiques du *R. polyantha* conservés dans l'herbier du Jardin botanique de cette ville appartiennent bien au *R. multiflora.* Quant au caractère d'un disque conique égalant les étamines attribué par Siebold et Zuccarini à leur espèce, il n'existe pas et ne peut du reste pas exister.

Miquel, dans son *Prelusio Florae Japonicae,* rapporte le *R. polyantha* au *R. indica* L. Ce qui existe, sous le nom de *R. indica,* dans l'herbier de la flore japonaise ayant servi de base au *Prelusio,* se compose de deux spécimens du *R. indica* L. à fleurs doublées et d'un 3e échantillon appartenant à une variété cultivée du *R. multiflora,* à fleurs rouges et assez fortement doublées. Ce dernier spécimen est accompagné d'une petite étiquette portant : *Rosa polyantha* S. et Z. Une telle confusion et plusieurs autres que j'ai constatées dans l'herbier de Leyde dénotent que Miquel n'avait qu'une connaissance fort imparfaite des Roses.

3. — **Rosa Luciae** Franch. et Rochebr. (pro parte).

Inflorescence pyramidale, ord. *assez pauciflore*, rarement très multiflore, *ord. à 1 feuille 5-3-foliolée, à bractées primaires étroitement lancéolées, non foliacées au sommet*, très finement et brièvement denticulées,
promptement caduques ; pédicelles à articulation basilaire, à bractéoles
lancéolées, *très promptement caduques*, même avant la floraison ; *boutons
assez courts, ovoïdes-arrondis*, brusquement atténués en pointe courte ;
sépales ovales, brusquement atténués en pointe courte, les *extérieurs ord.*
entiers, rarement à 1-2 très petits appendices latéraux ; corolle assez
petite ; *colonne stylique* allongée, assez épaisse, *pubescente ; feuilles*
moyennes des ramuscules florifères et feuilles de la partie moyenne des
tiges 7-*foliolées*, très rar. 9-foliolées ; *folioles ovales*, ord. *arrondies à la
base*, plus ou moins atténuées au sommet, glabres, très rarement un peu
pubescentes, à dents larges ; *stipules* adnées, *finement et brièvement denticulées*, à denticules beaucoup plus courts que le diamètre du limbe ;
aiguillons souvent *épars*.

Hab. — Japon et Chine.

Obs. — En 1871, M. Franchet me communiquait toutes
les formes qui ont servi à décrire le *R. Luciae* Franch. et
Rochebr. dans le tome X, pp. 323 et 324, du *Bulletin de
la Société royale de botanique de Belgique*. Cet envoi était
accompagné d'une notice manuscrite intitulée : *Description de six nouvelles Roses du Japon*, par A. Franchet et
A. de Rochebrune. Ces six espèces étaient : *R. Savatieri,
R. yokosensis, R. firma, R. crataegina, R. adenophora* et
R. Luciliae. Après avoir étudié ces diverses formes, j'en
arrivai à les considérer comme appartenant à un seul et
même type spécifique, dans lequel je faisais rentrer une
Rose que j'avais antérieurement nommée *R. Wichuraiana*
dans l'herbier de Berlin. M. Franchet avait fini par parta-
ger mes idées et me proposa de nommer la nouvelle Rose
japonaise *R. Luciae*. C'est sous ce nom qu'il la cite,
en 1875, dans son *Enumeratio plantarum japonicarum*,
en lui rapportant huit variétés.

La variabilité du *R. Luciae* m'avait toujours paru exceptionnelle et m'inspirait des doutes. C'est l'étude récente
à laquelle je me suis livré pour délimiter le *R. tunquinensis*,
qui m'a permis d'expliquer cette variabilité, en reconnais-
sant que le *R. Luciae*, tel que nous l'avions entendu avec
M. Franchet, est constitué par deux types distincts. A l'un
de ceux-ci, je conserve le nom de *R. Luciae :* l'autre
redevient le *R. Wichuraiana*, que j'avais établi autrefois
dans l'herbier royal de Berlin. Cette distinction ne s'est
pas faite sans me causer bien des hésitations et sans
m'astreindre à de nombreuses recherches. J'ai revu avec
les plus grands soins les matériaux de l'herbier du Jardin
des plantes de Paris et ceux de l'herbier de M. Franchet.
J'ai même fait un voyage tout exprès à Leyde pour y
étudier l'herbier spécial de la flore japonaise, dans lequel
j'ai trouvé de nombreux spécimens des *R. multiflora*,
R. Luciae et *R. Wichuraiana*. Parmi les échantillons du
R. multiflora, étaient confondus des exemplaires du *R.
Luciae*, et les nombreux spécimens des *R. Luciae* et *R.
Wichuraiana* étaient mélangés sous le nom de *R. moschata*
Mill. var. *microphylla* Miq. Le *R. moschata* var. *micro-
phylla* du *Prelusio* de Miquel se rapporte donc à deux
types spécifiques : les *R. Luciae* et *R. Wichuraiana*.

L'observation que j'ai faite précédemment au sujet du
R. multiflora, s'applique au *R. Luciae*, qui offre également
des variations capables d'embarrasser l'observateur. Les
folioles sont généralement ovales, mais elles peuvent être
parfois plus ou moins obovales et même suborbiculaires,
se rapprochant ainsi de celles des *R multiflora* et *R. Wichuraiana*; les feuilles sont presque toujours glabres, mais
peuvent être, dans quelques cas rares, à pétiole pubes-
cent et à nervure médiane velue; très rarement, les

folioles sont au nombre de 9; les sépales extérieurs, souvent entiers, peuvent parfois être appendiculés comme dans le *R. Wichuraiana*.

On pourrait conclure de ces faits que le *R. Luciae* n'est au fond qu'une forme intermédiaire entre les *R. multiflora* et *R. Wichuraiana* et que ces trois espèces n'en constituent réellement qu'une seule; mais, à mon sens, cette conclusion serait fausse. Malgré certaines variations d'organes, ces trois espèces possèdent suffisamment de caractères distinctifs pour les considérer comme distinctes. Je suis convaincu que les observations futures qui seront faites sur de nouveaux matériaux viendront confirmer cette opinion. Que l'on ne s'imagine pas que ces distinctions ne soient obtenues que par des recherches méticuleuses faites sur des matériaux d'herbier et ne puissent résister à l'étude faite sur plantes vivantes. Ce qui prouve que ces trois espèces ont bien, sur le vif, des caractères très distincts et un facies particulier, c'est ce que nous en apprend M. T. Takasima, dans les nos de mai, juin et juillet dernier du *Journal des Roses* de M. Cochet. Je ne sais si M. Takasima a fait des études spéciales de botanique dans son pays, mais dans ses courtes descriptions dépourvues de caractères scientifiques et par trois belles planches[1], il nous a assez bien fait reconnaître les trois Roses en question. Pour édifier les lecteurs du présent travail, je vais reproduire textuellement les passages de la notice de M. Takasima relatifs aux *R. multiflora*, *R. Luciae* et *R. Wichuraiana*.

« Le *Rosa polyantha*, importé en Europe par R. Fortune, est probable-

[1] M. Takasima m'a écrit que ses discriptions et ses dessins avaient été faits entièrement de mémoire.

ment ce que nous appelons au Japon *Rosa multiflora* (Thunb.) dont le nom Japonais est *No-Ibara*, littéralement rosier sauvage.

J'en connais cinq variétés.

Nº 1. Cette variété forme un arbuste sarmenteux, épineux, répandu dans tout le Japon et affectionnant les berges des rivières ou des ruisseaux, mais se rencontrant rarement dans les grands bois. Ce Rosier qui s'élève à environ deux mètres de hauteur, est couvert de nombreuses feuilles peu rigides, d'un vert sombre. Inflorescence en panicules verticales, portant chacune un grand nombre de fleurs simples, blanches ou rosées, odorantes et mesurant environ deux centimètres et demi de diamètre.

Fleurit au milieu de mai au milieu de juin.

Nº 2. C'est un arbuste rampant sur le sol et couvrant de ses rameaux les endroits sablonneux et cailouteux, que les eaux des rivières ont laissés à sec. On le rencontre aussi fréquemment sur les sables des bords de la mer ; mais jamais dans les bois ni dans les terrains fertiles.

Il croit dans presque tout le Japon.

Les tiges qui peuvent atteindre jusqu'à 10 mètres de longueur, sont moins feuillées que celles du Nº 1. Ses feuilles sont très rigides, d'un vert presque jaune. Inflorescence en panicules rampantes sur le sol, moins nombreuses que chez le précédent et portant aussi moins de fleurs. Les fleurs sont simples, à pétales épais, d'un blanc éclatant répandant une forte odeur ; elles mesurent environ 4 centimètres. Fleurit en juin-juillet.

Nº 3. Arbuste sarmenteux, épineux, que l'on rencontre presque partout dans le Japon.

Les tiges souvent violacées s'élèvent à 3 ou 4 mètres.

Cet arbuste naît dans les broussailles et les grands bois.

Ses feuilles peu nombreuses, à limbe très étroit, sont d'un vert rougeâtre et même plutôt violacées.

Fleurs rares, blanches ou rosées, peu odorantes.

Fleurit en juin et juillet.

Nº 4. Cette variété forme un arbuste se rapprochant beaucoup, par l'aspect général, des églantiers de France. Elle croit sur les hautes montagnes (Fuji-no-yama par exemple) avec les Mélèzes et les Sapins. On ne la rencontre jamais sur les collines ni dans les plaines.

Ses fleurs sont d'un rose analogue à celui des Lauriers roses.

Fleurit au mois d'août.

Les 4 variétés que nous venons de décrire, vivent dans cette contrée, à l'état sauvage, et n'ont jamais été cultivées.

N° 5. *Rosa platyphylla* (Red.). — Le *Rosa platyphylla* désigné au Japon sous le nom de *Sakoura-Ibara*, littéralement Cerisier-rosier, est un arbuste sarmenteux, s'élevant à environ trois mètres

On ne le rencontre pas à l'état sauvage.

Ses fleurs et ses feuilles ressemblent beaucoup à celles de la var. N° 1, mais les premières sont beaucoup plus grandes que celles de cette dernière, et souvent très doubles.

Il y en a qui ont des fleurs rosées, d'autres à fleurs franchement roses, enfin certains dont les fleurs rosées à l'épanouissement deviennent d'un rose franc au bout de 2 ou 3 jours. Les fleurs sont sans odeur.

Fleurit en juin. •

La planche qui se rapporte au n° 1 paraît bien correspondre au type du *R. multiflora* Thunb.; seulement le dessinateur, travaillant d'après ses souvenirs, a négligé certains caractères distinctifs. La planche qui concerne le n° 5 représente assez exactement la forme du *R. multiflora* cultivée au Japon et en Chine.

La planche ayant trait au n° 2, à part quelques incorrections de détails, s'applique tout à fait le *R. Wichuraiana*.

La planche correspondant au n° 3 doit représenter une variété du *R. Luciae*.

Quant à la planche n° 4, elle représente probablement un type encore inédit.

Le *R. Luciae* tel que je l'entends actuellement comprend les var. α. *genuina*, δ. *adenophora* (pro parte) et η. *hakonensis* du *R. Luciae* de M. Franchet.

Il est incontestablement assez voisin du *R. multiflora* et cette affinité explique facilement les confusions qui ont eu lieu dans les herbiers entre ces deux espèces.

Celles-ci possèdent en commun un caractère qui permet de les distinguer des autres types de la section, celui d'avoir les bractéoles basilaires.

Jusqu'à présent, le *R. Luciae* ne paraît pas encore avoir été introduit dans les cultures européennes. Il est vivement à souhaiter de le voir cultiver. Alors, on pourra mieux en établir les caractères et le différencier du *R. multiflora.*

Sur les spécimens d'herbier, il est difficile d'étudier les bractéoles qui disparaissent même avant le début de la floraison.

Les folioles, qui sont presque toujours glabres, sont plus fermes que celles du *R. multiflora* et sont probablement luisantes à l'état vivant et non ternes, comme dans ce dernier; les fleurs sont plus grandes que dans celui-ci.

4. — **Rosa Wichuraiana** Crép.

(Syn. : *R. Luriae* Franch. et Rochebr. pro parte, *R. sempervirens* S. et Z.! loc. cit.)

Inflorescence pyramidale, ord. *assez pauciflore,* rarement très multiflore, à 1-5 *feuilles* 7-5-3-1-foliolées, à *bractées primaires lancéolées, foliacées au sommet,* assez profondément denticulées, *persistant assez longtemps; pédicelles à articulation non basilaire,* à *bractéoles* lancéolées, denticulées, *non promptement caduques; boutons assez courts,* ovoïdes-arrondis, brusquement atténués en pointe courte; *sépales ovales, brusquement atténués en pointe courte,* les *extérieurs* à 1-2 *appendices latéraux* apparents; corolle assez grande; *colonne stylique* allongée, assez épaisse, *pubescente; feuilles* moyennes des ramuscules florifères et feuilles de la partie moyenne des tiges ord. 9-*foliolées; folioles* ord. *brièvement et largement obovales ou suborbiculaires,* ord. obtuses au sommet, glabres, à dents larges; *stipules* adnées, ord. *assez profondément dentées,* à dents moins longues que le diamètre du limbe; *aiguillons souvent épars,* plus rarement géminés; *tiges couchées sur la terre*

Hab. — Japon et Chine.

Obs. — Le caractère tiré de la direction des tiges semble, à lui seul, dénoter que le *R. Wichuraiana* est

spécifiquement distinct des *R. Luciae* et *R. multiflora*.
M. Zabel, auquel je dois de si précieux renseignements
sur la riche collection de Roses qu'il cultive dans les jardins de l'Académie forestière de Münden, m'a appris que
des pieds de *R. Wichuraiana* avaient déjà produit des tiges
couchées sur le sol sur une longueur de 5 mètres. Je
pourrai m'assurer par moi même, l'an prochain, si ce sin-
gulier caractère se représentera au Jardin botanique de
Bruxelles, où j'ai récemment planté le *R. Wichuraiana.*
Sur un échantillon de l'herbier de M. Franchet, j'ai constaté la présence de racines sur un rameau florifère.

Le *R. arvensis* peut présenter des tiges décombantes et
même plus ou moins rampantes; la même chose se
produit également dans le *R. sempervirens* var. *prostrata*
et aussi dans le *R. Luciae*, si je m'en rapporte à une indi-
cation de M. le docteur Savatier, mais cette direction est
exceptionnelle dans ces espèces, tandis que dans le *R.
Wichuraiana,* la direction couchée de la tige paraît constante.

Au caractère de la direction des tiges, viennent se join-
dre d'assez nombreuses différences qui, à mon avis, suffi-
sent amplement pour maintenir le *R. Wichuraiana* au rang
d'espèce.

Ses feuilles paraissent être en général un peu plus
épaisses que celles du *R. Luciae;* elles sont remarquablement luisantes sur le vif; elles sont toujours glabres,
souvent 9-foliolées à la partie moyenne des ramuscules
florifères et toujours 9-foliolées sur les tiges. La forme
des folioles est sujette à varier, mais celles-ci sont
d'ordinaire relativement plus larges, plus courtes et plus
obtuses que celles du *R. Luciae*. Les stipules et les bractées sont plus larges et plus profondément incisées; les

bractées, qui sont ordinairement foliacées au sommet, ne sont point promptement caduques, persistent pendant la floraison, ainsi que les bractéoles qui sont moins petites et nullement basilaires. Assez souvent, les bractées sont incurvées au sommet, ce qui n'existe pas dans le *R. Luciae.* Les boutons sont plus gros et la corolle notablement plus grande que dans les *R. multiflora* et *R. Luciae*, à pétales plus épais : ceux-ci sont d'un blanc de lait très pur. Les réceptacles fructifères sont ordinairement une fois plus gros que ceux du *R. multiflora*, et sensiblement plus gros que ceux du *R. Luciae.* Ajoutons que, dans les inflorescences assez multiflores, les feuilles sont plus nombreuses que dans les *R. Luciae* et *R. multiflora* et vont en se dégradant insensiblement en bractées foliacées.

Dans les *R. Wichuraiana* et *R. Luciae*, les pédicelles et les réceptacles florifères sont toujours, à ma connaissance du moins, glabres et très rarement glanduleux, tandis que dans le *R. multiflora*, ils sont souvent pubescents et assez souvent glanduleux.

Quant aux aiguillons des *R. Wichuraiana* et *R. Luciae*, je n'ose me prononcer d'une façon catégorique sur leur mode d'arrangement. Sur les ramuscules florifères, ils sont souvent épars et rarement géminés. Peut-être découvrira-t-on, sur de plus riches matériaux que ceux que j'ai eu à ma disposition, qu'ils tendent à devenir géminés comme dans le *R. multiflora*, toutefois sans l'être aussi régulièrement.

Le *R. Wichuraiana* tel que je l'entends, comprend les variétés β. *fimbriata.* γ. *poteriifolia*, δ. *adenophora* (pro parte), ε. *crataegicarpa* et ζ. *yokoscensis* du *R. Luciae* de M. Franchet.

Il est bon de signaler que M. Zabel avait reçu, sous le nom de *R. bracteata,* le *R. Wichuraiana* qu'il cultive à Münden.

C'est ici la place de faire de nouveau allusion à la Rose décrite par M. Regel sous le nom de *R. Maximowicziana.* Dans mes *Primitiae,* pages 528-530, j'ai assez longuement parlé de cette singulière forme que j'étais porté à considérer comme une variété du *R. multiflora.* Aujourd'hui, avec la connaissance que nous avons des caractères des *Synstylae,* cette dernière opinion n'est plus admissible : le *R. Maximowicziana* ne peut être une variété du *R. multiflora;* c'est plutôt avec le *R. Wichuraiana* qu'il faut lui chercher de l'affinité. Avant tout, il faudrait rechercher si c'est bien une espèce légitime, ou si ce n'est pas plutôt un produit hybride. Je ne suis pas éloigné de penser que l'hybridation n'est pas restée étrangère à sa production, mais je me réserve de discuter cette question dans un travail ultérieur.

5. — **Rosa tunquinensis** Crép.

Inflorescence pyramidale, ord. *multiflore, à 2-8 feuilles 5-3-1-foliolées, à bractées primaires lancéolées, foliacées au sommet,* finement denticulées, *persistant assez longtemps; pédicelles à articulation non basilaire, à bractéoles* lancéolées, *non promptement caduques; boutons allongés, étroitement ovoïdes,* insensiblement atténués en pointe effilée; *sépales lancéolés, insensiblement atténués en pointe effilée,* les *extérieurs à 1-2 appendices* latéraux; corolle assez grande ou assez petite; *colonne stylique* allongée, grêle, *pubescente; feuilles* moyennes des ramuscules florifères et feuilles de la partie moyenne des tiges *7-foliolées; folioles ovales,* ord. *arrondies à la base,* plus ou moins atténuées au sommet, pubescentes ou presque glabres, à dents larges; *stipules* adnées, *finement et brièvement denticulées; aiguillons* ord. *géminés.*

Hab. — Tonkin et Chine.

Obs. — Pour le Tonkin, voici l'énumération des localités où M. l'abbé Bon a recueilli les spécimens que le Jardin des plantes de Paris a bien voulu me communiquer : Khièn-Khè, in monte Dèn (15 septembre 1882. — 2 spécimens en fruits), in introitu montium Vô Xa (16 sept. 1882. — 1 sp. en fr.), Bàt Són, in rupibus (7 dec^{bris} 1883. — 2 sp. en fr.), in monte Lan Mât (21 et 27 april 1883. — 8 sp. en fleurs), Kièn Khè, in valle Dòng Hâm (4 febr. 1884. — 2 sp. en fl.), in sepibus juxta civit. Hà Nòi (21 mart. 1885. — 2 sp. en fl.).

Les exemplaires récoltés en 1884 et 1885 sont à fleurs roses ou rouges plus ou moins doubles, les autres sont à fleurs blanches et simples. Le nom vernaculaire de cette Rose est Tâm Xuân, c'est-à-dire Fleur du printemps, vel Quâng quâng ou Rosa.

Le *R. tunquinensis* est, par excellence, une espèce à inflorescence pyramidale, dont la panicule, quand elle est bien développée, offre le plus grand nombre de feuilles de toute la section. Les feuilles de l'inflorescence se dégradent insensiblement en feuilles 1-foliolées pour se transformer en bractées foliacées au sommet. Les ramifications inférieures de l'inflorescence présentent souvent plusieurs entrenœuds munis de feuilles ou de bractées foliacées alternes.

Les folioles sont pubescentes sur les deux faces ou seulement un peu pubescentes sur la nervure médiane; les pédicelles et les réceptacles sont pubescents ou glabres, lisses ou glanduleux; les axes peuvent être pubescents surtout dans l'inflorescence.

Les stipules sont denticulées, ainsi que les bractées.

Les fleurs sont tantôt assez petites, tantôt de grandeur moyenne.

Les spécimens à fleurs doubles proviennent sans aucun doute de pieds cultivés ou subspontanés. Les fleurs en sont plus grosses que dans la plante sauvage, à réceptacles plus gros, à appendices des sépales plus développés, à pédicelles moins grêles ; la pubescence est plus abondante sur les axes, sur les pédicelles et sur les réceptacles.

Cette espèce qui paraît bien distincte, présente quelques traits de ressemblance avec le *R. moschata* par la forme de ses boutons et de ses sépales, par le nombre et la forme de ses folioles, mais elle s'en distingue par son mode d'inflorescence, par ses bractées et ses bractéoles qui persistent plus longtemps, par ses stipules denticulées, par ses aiguillons géminés. Elle se distingue du *R. Luciae* par son inflorescence plus multiflore, plus feuillée, par ses bractées foliacées au sommet, non promptement caduques, par ses bractéoles non basilaires et persistant pendant la floraison, par ses feuilles plus minces et peut être par ses aiguillons régulièrement géminés.

Le *R. tunquinensis*, la seule espèce que M. l'Abbé Bon ait recueillie jusqu'ici dans le Tonkin, existerait-il en Chine? Je crois qu'on peut répondre affirmativement à cette question. En 1880 (*Primitiae*, p. 532), je disais que M. Callery avait récolté en Chine, en 1884, le *R. Luciae*. J'ai revu les échantillons de M. Callery, conservés dans l'herbier du Jardin des plantes de Paris et j'estime qu'ils doivent être rapportés non pas au *R. Luciae*, ou au *R. multiflora*, comme l'avait fait Spach (in herb.), mais bien au *R. tunquinensis*.

Également en 1880 (*Primitiae*, pages 348-350), j'ai rapporté au *R. moschata* des Roses récoltées aux environs de Whampoa et de Hon-Kong par Hance et que celui-ci a distribuées sous le nom de *R. moschata* var.

Brunonii. Ces Roses, comme je le disais, m'avaient causé
beaucoup d'embarras pour en déterminer l'espèce;
avant de les rapporter au *R*. *moschata*, j'avais cru
pouvoir les identifier au *R*. *Luciae.* Aujourd'hui, tout en
conservant quelques doutes, j'estime qu'elles sont des
représentants du *R*. *tunquinensis*. J'espère que de nouveaux
matériaux que j'ai demandés au Jardin botanique de
Whampoa, me permettront, plus tard, d'élucider complètement cette question d'identité spécifique.

On ne doit pas, à ce propos, trop s'étonner des erreurs
ou des hésitations que peut commettre ou éprouver le phytographe dans un genre comme celui des *Rosa*, où ce n'est
qu'avec beaucoup de peines et de patience qu'il parvient
à réunir les matériaux suffisants pour bien apprécier certains types exotiques. Les difficultés sont beaucoup moins
grandes pour les genres dont les spécimens constituent
des plantes entières, et non pas de simples fragments
comme cela a lieu pour les *Rosa*.

6. — **Rosa anemonaeflora** Fortune.

Inflorescence pyramidale, ord. *assez pauciflore,* à 1 *feuille* 3-1-foliolée, *à
bractées primaires lancéolées, non foliacées ou peu foliacées ax sommet,*
ciliées-glanduleuses, *persistant assez longtemps; pédicelles à articulation
non basilaire, à bractéoles* linéaires, *très promptement caduques; boutons
allongés, étroitement ovoïdes,* insensiblement atténués en pointe effilée;
sépales étroitement lancéolés, insensiblement atténués en pointe effilée, les
extérieurs ord. entiers, ou à 1-2 petits appendices latéraux; corolle assez
petite; *colonne stylique* allongée, grêle, *pubescente; feuilles* des ramuscules florifères 3-*foliolées,* celles de la partie moyenne des tiges 5-*foliolées;
folioles ovales, arrondies à la base,* longuement atténuées au sommet,
glabres, à dents fines et superficielles; *stipules* adnées, *ciliées-glanduleuses; aiguillons épars.*

Hab. — Chine.

Obs. — Cette espèce ne peut être confondue avec aucun autre type de la section. Par ses folioles à dents fines et superficielles, elle rappelle le *R. microcarpa* dont elle est d'ailleurs très différente. Par ses feuilles ramusculaires 3-foliolées, elle se rapproche, d'autre part, du *R. setigera*, avec lequel elle n'a toutefois que des rapports assez éloignés.

Dans ce type, les pédicelles latéraux des trifurcations reposent sur des pédoncules assez longs, mais comme l'articulation des pédicelles avec le pédoncule est très peu marquée et que, d'autre part, les bractéoles disparaissent de bonne heure, il est assez facile de confondre le pédoncule avec les pédicelles et de croire que ceux-ci sont à articulation basilaire.

Jusqu'ici, je n'ai pu étudier que très peu d'échantillons spontanés du *R. anemonaeflora*; malgré cela, j'ai lieu de supposer que la diagnose donnée ci-dessus ne subira pas de notables modifications à la suite de l'examen de matériaux plus nombreux. En 1883, dans le tome XXI du *Bulletin*, deuxième partie, j'ai publié une notice spéciale sur cette espèce.

7. — Rosa setigera Michx.

Inflorescence pyramidale, assez pauciflore, à 2-3 *feuilles* 3-foliolées, *à bractées primaires étroitement lancéolées, foliacées au sommet,* ciliées-glanduleuses, *un peu étalées et assez promptement caduques; pédicelles à articulation non basilaire, à bractéoles* longues, lancéolées-linéaires, *promptement caduques; boutons largement ovoïdes,* brusquement atténués en pointe courte; *sépales ovales-lancéolés, insensiblement atténués en pointe effilée assez courte,* les *extérieurs à 2-4 appendices* latéraux très étroits; corolle grande ou assez grande; *colonne stylique* allongée, grêle, *glabre; feuilles* des ramuscules florifères 3-*foliolées,* très rarement 5-foliolées, celles des tiges 5-foliolées; *folioles ovales, arrondies à la base,* longuement atténuées au sommet, pubescentes ou glabres, à dents larges et profondes; *stipules* adnées, *ciliées-glanduleuses; aiguillons épars.*

Hab. — Amérique du Nord.

Obs. — Cette espèce ne peut donner lieu à aucune confusion.

Les feuilles ramusculaires, presque toujours 3-foliolées, prennent, lorsqu'elles sont amples, un aspect qui rapelle beaucoup celui des folioles des *Rubus.* C'est ce facies qui a fait donner à ce type le nom de *R. rubifolia.* Les feuilles deviennent, vers la fin de l'automne, d'un rouge lie de vin que l'on observe dans aucune autre espèce de la section.

Les folioles sont tantôt largement ovales, tantôt ovales-lancéolées, à dents profondes, simples ou composées; elles sont pubescentes ou glabres.

En comparant les diagnoses des *R. setigera* et *R. anemonaeflora,* on pourrait s'imaginer que ces deux types présentent beaucoup d'affinité entre eux, mais il n'en est rien : ils sont, au contraire, très distants l'un de l'autre.

Les tiges du *R. setigera* peuvent s'élever à une grande hauteur.

La culture s'est emparée de cette espèce et lui a fait produire des variétés horticoles assez nombreuses.

8. — **Rosa phoenicia** Boiss.

Inflorescence pyramidale, ord. *multiflore,* à 2-3 *feuilles* 3-foliolées, *à bractées primaires lancéolées, foliacées au sommet,* ciliées-glanduleuses ou finement denticulées, *dressées et persistant longtemps; pédicelles à articulation non basilaire, à bractéoles* grandes, lancéolées, *persistant longtemps; boutons assez étroitement ovoïdes, insensiblement atténués* en pointe plus ou moins longue; *sépales ovales-lancéolés, insensiblement atténués en pointe assez longue,* étroite ou plus souvent foliacée au sommet, les *extérieurs à 2-4 appendices* latéraux très apparents, parfois foliacés et même séqués; *colonne stylique* allongée, grêle, *glabre; feuilles* moyennes des ramuscules florifères et feuilles de la partie moyenne des tiges 5-*foliolées*; *folioles ovales*, ord. *arrondies à la base*, brièvement atténuées au sommet, à dents larges et profondes; *stipules* adnées, *ciliées-glanduleuses*; *aiguillons épars.*

Hab. — Asie-Mineure.

Obs. — Cette espèce est, à son tour, très distincte et facile à reconnaître entre les autres types de la section.

Ses sépales, d'ordinaire abondamment appendiculés et souvent foliacés à la pointe, permettent, à eux seuls, de la distinguer des *R. moschata, R. sempervirens* et *R. arvensis*; de ces trois espèces, elle se distingue également par ses bractées foliacées au sommet.

Ses folioles sont tantôt assez étroitement, tantôt largement ovales; elles peuvent même devenir suborbiculaires. C'est à une variation à folioles arrondies que M. H. Braun a donné, en 1885[1], le nom de *R. chlorocarpa.*

Cet auteur, qui appartient à l'école des subdivisions spécifiques, est parvenu, par une comparaison méticuleuse de la description donnée par Boissier avec les quelques spécimens, que j'ai du reste vus, d'une Rose désignée, dans l'herbier de Vienne, sous le nom de *R. chlorocarpa*, à découvrir une série de prétendus caractères spécifiques qui distingueraient, selon lui, le *R. chlorocarpa* du *R. phoenicia.* Ce sont de tels jeux de patience qui nous ont valu des centaines et même des milliers d'espèces de *Rosa*, jeux qui peuvent se répéter d'individu à individu et fournir des soi-disant espèces à l'infini.

Je l'ai déjà dit, il est relativement très facile de rédiger la description d'une forme inviduelle, d'y introduire des

---

[1] *Beiträge zur Kenntniss einiger Arten und Formen der Gattung Rosa* in Verhandl. der K. K. zool.-bot. Gesellschaft in Wien, 1885).

caractères distinctifs très précis et de lui donner ainsi une apparence très scientifique. Il suffit de décrire servilement tout ce que l'on voit dans un individu et de l'opposer à ce que l'on constate chez les individus voisins.

Toute différente est l'œuvre de la délimitation des espèces véritables, que celles-ci soient de premier, de deuxième ou de troisième ordre. Il faut alors tenir compte des circonstances qui peuvent influer sur la forme, les proportions et le nombre des organes, ne pas perdre de vue l'action du nanisme ou du géantisme, se pénétrer de la solidarité des caractères, ne pas oublier le fait si capital des variations parallèles et disposer, enfin, de matériaux suffisamment nombreux et recueillis, autant que possible, sur tous les points de l'aire de dispersion de l'espèce. Ce n'est qu'à ce prix que, dans un groupe comme le genre *Rosa*, qui, pendant si longtemps, a souffert de la routine des idées fausses, on peut espérer de découvrir les vrais caractères spécifiques. Pour résultat final de ces longues recherches, on ne parvient pas encore à obtenir la précision de caractères que nous constatons dans les diagnoses des formes individuelles. Cela se comprend parfaitement. En effet, il n'est pas possible, en quelques phrases et avec notre langage scientifique imparfait, d'exprimer fidèlement ce qu'on pourrait appeler la synthèse spécifique de chaque type ; on doit se borner à des à peu près, qui, dans certains cas, peuvent prêter aux confusions.

J'ai longuement parlé du *R. phoenicia* dans mes *Primitiae*, pages 564 à 568.

9. — Rosa moschata Mill.

(Syn. : *R. Brunonii* Lindl., *R. abyssinica* R. Br., *R. Leschenaultiana*
Wight et Arn., *R. longicuspis* Bertol.)

Inflorescence ombelliforme, ord. *assez multiflore, à 1-2 feuilles 5-3-
foliolées, à bractées primaires étroitement lancéolées, non foliacées au
sommet,* ord. ciliées-glanduleuses, rarement très finement denticulées,
*dressées, assez promptement caduques; pédicelles à articulation non basi-
laire, à bractéoles* petites, linéaires, *très promptement caduques; boutons
allongés, étroitement ovoïdes,* insensiblement atténués en pointe effilée ;
sépales lancéolés, insensiblement atténués en pointe effilée, les extérieurs à
1-4 appendices latéraux; corolle assez grande, rarement petite ; *colonne
stylique* allongée, grêle, *pubescente; feuilles* moyennes des ramuscules
florifères et feuilles de la partie moyenne des tiges 7-*foliolées ; folioles
ovales,* ord. *arrondies à la base,* plus ou moins longuement atténuées au
sommet, rarement subobtuses, pubescentes, rarement glabres, à dents
assez étroites et superficielles; *stipules* adnées, *ciliées-glanduleuses,* rarement finement denticulées; *aiguillons épars.*

Hab. — Continent asiatique et Abyssinie.

Obs. — Depuis que les caractères distinctifs des *Synstylae* sont devenus mieux connus, ce n'est plus guère qu'avec
le *R. sempervirens* que le *R. moschata* peut être confondu ;
encore cette confusion ne peut-elle avoir lieu si l'on com-
pare soigneusement les principaux caractères distinctifs de
ces deux types.

Dans le *R. moschata,* les boutons sont étroits et allongés et non largement ovoïdes, les sépales sont plus étroits,
insensiblement atténués et non brusquement rétrécis en
pointe courte, les bractées sont dressées et assez promptement caduques et non réfractées et persistant pendant la
floraison, les bractéoles sont promptement caduques, la
colonne stylique est pubescente et non presque toujours
glabre, les feuilles ramusculaires moyenne sont 7-folio-
lées et non ordinairement 5-foliolées.

Dans son aire de dispersion qui est vaste, le *R. moschata* se présente sous divers facies assez distincts, qui ont fait croire à l'existence de plusieurs types spécifiques : *R. Brunonii, R. abyssinica, R. Leschenaultiana* et *R. longicuspis.*

Si j'avais voulu m'appuyer sur des différences analogues à celles qui ont servi debase à la création de ces quatre dernières espèces, j'aurais pu facilement en établir une cinquième avec la Rose découverte dans l'Yun-nan par M. l'abbé Delavay et que j'ai nommée *R. moschata* var. *yunannensis (Les Rosa du Yun-nan,* in *Bulletin,* t. XXV, 2ᵉ partie, pp. 8 et 9). Outre les caractères déjà relevés, je pourrais ajouter une particularité très curieuse tirée de la direction des sépales après l'anthèse. Sur deux spécimens[1] fructifères de cette variété *yunannensis* recueillis par M. Delavay dans les bois à la montée du col de Yentze hoy (Lan-kong, à 2500 m. d'altitude), le 17 septembre 1883, *tous les sépales sont relevés et couronnent les réceptacles.*

Ceux-ci semblent avoir atteint leur entier développement, commençaient à se colorer, et les sépales ont toute l'apparence d'ètre persistants. Il est vraisemblable que ce relèvement des sépales n'est qu'un accident individuel ou local et n'est point l'indice d'un type nouveau. On observe parfois, dans le *R. arvensis,* certains réceptacles mùrs couronnés par les sépales.

Dans les *Synstylae,* les sépales sont étalés ou réfléchis après l'anthèse et sont plus ou moins promptement caducs. C'est là une règle générale et, selon moi, le relèvement

---

(1) Ces spécimens faisaient partie d'un envoi de M. Delavay reçu au Muséum de Paris le 20 août 1886.

des sépales ne peut être considéré, dans cette section, que comme le résultat d'accidents passagers.

Le *R. ruscinonensis*, chez lequel on a voulu voir un type distinct, n'est qu'une variation du *R. moschata*.

Dans ces derniers temps, M. Carrière a cru trouver des espèces nouvelles dans ses *R. Pissarti* et *R. Godefroyae*, qui ne sont que des formes cultivées du *R. moschata*.

Le *R. moschata* a fait l'objet de divers articles dans mes *Primitiae* : voir pages 133-135, 262-267, 533-536.

L'existence de cette espèce à l'état véritablement spontané dans la région méditerranéenne reste, pour moi, extrêmement douteuse. Malgré les faits qu'on a produits depuis 1880, j'estime que ce type asiatique et des montagnes de l'Abyssinie n'est point réellement indigène sur le pourtour de la Méditerranée.

10. — **Rosa sempervirens** L.

Inflorescence ombelliforme, ord. assez *pauciflore,* ord. *à 1 feuille 3-5-*foliolée, à *bractées primaires lancéolées, non foliacées au sommet,* ciliées-glanduleuses, *réfractées et persistant longtemps; pédicelles à articulation non basilaire, à bractéoles* lancéolées ou ovales-lancéolées, *persistant pendant la floraison; boutons largement ovoïdes,* brusquement atténués en pointe courte; *sépales ovales, brusquement atténués en mucron ou pointe courte,* les extérieurs à 1-4 très petits appendices latéraux; corolle assez grande; *colonne stylique* allongée, assez épaisse, *pubescente,* très rarement glabre; *feuilles* moyennes des ramuscules florifères ord. 5-*foliolées,* celles de la partie moyenne des tiges 5-*plus rarement 7-foliolées; folioles ovales,* ord. *arrondies à la base,* plus ou moins atténuées au sommet, glabres, très rarement un peu pubescentes, à dents assez étroites et superficielles; *stipules* adnées, *ciliées-glanduleuses; aiguillons épars.*

Hab. — Europe et Nord de l'Afrique.

Obs. — J'ai ci-dessus fait ressortir les différences qui

séparent le *R. moschata* du *R. sempervirens;* il s'agit
maintenant d'établir celles qui séparent ce dernier du
R. arvensis. Ces différences ont déjà été, en grande partie,
exposées aux pages 579 et 580 de mes *Primitiae.*

Dans le *R. sempervirens,* les feuilles luisantes, plus
épaisses et plus coriaces que celles du *R. arvensis,* sont
dites persistantes pendant l'hiver, persistance que j'ai pu
constater sur des pieds cultivés au Jardin botanique de
Bruxelles: elles tombent avant l'hiver dans le *R. arvensis.*
Ce caractère biologique a son importance, mais il n'est
d'aucune utilité pratique pour l'étude des échantillons
d'herbier. Les feuilles ramusculaires moyennes sont ord.
5-foliolées, rarement 7-foliolées et non ord. 7-foliolées, à
dents superficielles assez étroites et non larges et profondes; les stipules sont plus étroites, à oreillettes plus
divergentes; l'inflorescence est moins souvent uniflore;
les bractées finissent par se réfléchir et ne restent pas
dressées; la colonne stylique est presque toujours pubescente et non toujours glabre.

Je ne crois pas devoir m'arrêter ici aux nombreuses
variétés ou variations du *R. sempervirens* qu'on a élevées
au rang d'espèce.

Dans les *Primitiae,* pages 556 à 564, on trouvera de
nombreuses remarques sur ce type.

11. — **Rosa arvensis** Huds.

Inflorescence ombelliforme, ord. *pauciflore,* ord. *à 1 feuille* 5-foliolée,
à bractées primaires lancéolées, non foliacées au sommet, ciliées-glanduleuses, *dressées et persistant longtemps; pédicelles à articulation non basilaire, à bractéoles* lancéolées ou ovales-lancéolées, *persistant pendant la
floraison; boutons largement ovoïdes,* brusquement atténués en pointe

courte ; *sépales ovales, brusquement atténués en mucron ou pointe courte,* les extérieurs à 1-4 petits appendices latéraux ; corolle assez grande ; *colonne stylique* allongée, assez épaisse, *glabre; feuilles* moyennes des ramuscules florifères et feuilles de la partie moyenne des tiges 7-*foliolées; folioles ovales,* ord. *arrondies à la base,* assez brièvement atténuées au sommet, plus ou moins pubescentes, à dents larges, assez profondes ; *stipules* adnées, *ciliées-glanduleuses ; aiguillons épars.*

Hab. — Europe.

Obs — Les comparaisons qui ont été établies ci-dessus me dispensent de faire de nouvelles observations sur les caractères de ce type.

Comme le *R. sempervirens,* le *R. arvensis* a été démembré en plusieurs espèces établies sur des variétés et des variations.

Le *R. arvensis* a fait l'objet d'observations dans les *Primitiae,* pages 569 à 582.

II.

TABLEAUX ANALYTIQUES.

Sous prétexte que les clefs dichotomiques n'ont généralement pas de cachet scientifique, certains auteurs les dédaignent. Je ne crois pas devoir suivre leur exemple, sachant combien ces clefs sont utiles non-seulement pour arriver au nom des espèces, mais encore pour bien saisir les différences spécifiques. Pour faciliter la détermination des Roses synstylées, j'ai même dressé trois tableaux analytiques différents.

Premier tableau analytique.

1 { Stipules libres ou presque libres, à la fin caduques . *R. microcarpa.*
　 { Stipules longuement adhérentes au pétiole **2**

2 { Feuilles ramusculaires moyennes 3-foliolées **3**
　 { —　　　 —　　　　 — 5-7-9-foliolées **4**

3 { Colonne stylique pubescente; dents foliaires fines et superfi-
　 { cielles; boutons petits et étroits. . . . . *R. anemonaeflora.*
　 { Colonne stylique glabre; dents foliaires larges et profondes;
　 { boutons assez gros et élargis. . . . .*R. setigera.*

4 { Pédicelles latéraux des trifurcations terminales à bractéoles
　 { basilaires **5**
　 { Pédicelles à bractéoles non basilaires **6**

5 { Folioles assez étroitement obovales, atténuées à la base, pubes-
　 { centes; stipules profondément laciniées; sépales extérieurs
　 { appendiculés; styles glabres . . . . . . *R. multiflora.*
　 { Folioles ovales, arrondies à la base, glabres; stipules brième-
　 { mement denticulées; sépales extérieurs ord. entiers; styles
　 { pubescents. . . . . *R. Luciae.*

6 { Feuilles ramusculaires moyennes 5-foliolées **7**
　 { —　　　 —　　　　 — 7-9-foliolées **8**

7 { Bractées primaires non foliacées au sommet, réfractées pendant
　 { la floraison; appendices des sépales étroits; colonne stylique
　 { ord. pubescente; dents foliaires étroites, superficielles.
　 {　　　　　　　　　　　　　　　　　　　 *R. sempervirens.*
　 { Bractées primaires foliacées au sommet, dressées pendant la
　 { floraison; appendices des sépales ord. élargis; colonne
　 { stylique glabre; dents foliaires larges, profondes. *R. phoenicia.*

8 { Boutons largement ovoïdes; sépales ovales, brusquement atté-
　 { nués en une pointe courte **9**
　 { Boutons étroitement ovoïdes; sépales lancéolés, insensible-
　 { ment atténués en une longue pointe **10**

9 { Feuilles ramusculaires moyennes ord. 9-foliolées; folioles
　 { glabres, obovales ou suborbiculaires; colonne stylique
　 { pubescente . . . . *R. Wichuraiana.*
　 { Feuilles ramusculaires moyennes 7-foliolées; folioles pubes-
　 { centes, ovales; colonne stylique glabre . . . . *R. arvensis.*

10 {
Inflorescence ombelliforme, à 1 ou 2 feuilles, à bractées non foliacées au sommet; aiguillons ramusculaires épars. *R. moschata.*
Inflorescence pyramidale, à 2-8 feuilles, à bractées foliacées au sommet; aiguillons ramusculaires géminés . . *R. tunquinensis.*
}

Deuxième tableau analytique.

11 {
Feuilles brièvement obovales ou suborbiculaires, assez souvent
9-foliolées, glabres ; stipules assez profondément dentées ;
aiguillons ramusculaires épars . . . . . *R. Wichuraiana.*
Feuilles ova'es, souvent pubescentes, 5-7-foliolées ; stipules
très brièvement denticulées ; aiguillons ramusculaires ord.
géminés . . . . : . . . . *R. tunquinensis.*
}

Troisième tableau analytique.

1 {
Colonne stylique glabre. **2**
— — pubescente **6**
}

2 {
Stipules profondément laciniées, à laciniures beaucoup plus
longues que le diamètre du limbe . . . . . *R. multiflora.*
Stipules ciliées-glanduleuses, finement denticulées, ou dentées,
mais à dents moins longues que le diamètre du limbe . . **3**
}

3 {
Inflorescence munie de 2 ou 3 feuilles ou davantage, à bractées
primaires foliacées au sommet **4**
Inflorescence à 1 ou 2 feuilles, à bractées primaires non foliacées au sommet **5**
}

4 {
Feuilles ramusculaires moyennes 5-foliolées ; bractées primaires
largement foliacées au sommet ; boutons étroitement ovoïdes ;
sépales extérieurs insensiblement atténués, à appendices ord.
élargis. . . . . *R. phoenicia.*
Feuilles ramusculaires moyennes 5-foliolées ; bractées primaires étroitement foliacées au sommet ; boutons largement
ovoïdes ; sépales extérieurs brusquement atténués, à appendices très étroits. . . . . *R. setigera.*
}

5 {
Feuilles ramusculaires moyennes 5-foliolées ; bractées primaires
réfractées pendant la floraison ; stipules à oreillettes étroites
divergentes ; colonne stylique rarement glabre. *R. sempervirens.*
Feuilles ramusculaires moyennes 7-foliolées ; bractées primaires dressées pendant la floraison ; stipules à oreillettes
assez larges dressées ; colonne stylique toujours glabre. *R. arvensis.*
}

6 {
Feuilles ramusculaires moyennes 3-foliolées . . *R. anemonaeflora.*
— — — 5-7-9-foliolées. **7**
}

7 {
Stipules libres ou presque libres, à la fin caduques. *R. microcarpa.*
Stipules longuement adhérentes au pétiole **8**
}

8 {
Sépales ovales, brusquement atténués en une pointe courte . **9**
Sépales lancéolés, insensiblement atténués en une pointe plus
ou moins longue **11**
}

9 { Feuilles ramusculaires moyennes 5-foliolées; bractées primaires réfractées; inflorescence ombelliforme. *R. sempervirens.*
Feuilles ramusculaires moyennes 7-9-foliolées; bractées primaires dressées; inflorescence pyramidale. **10**

10 { Feuilles ramusculaires moyennes 7-foliolées; folioles ovales; pédicelles à articulation basilaire; bractées primaires non foliacées au sommet, promptement caduques . . . *R. Lucine.*
Feuilles ramusculaires moyennes ord. 9-foliolées; folioles obovales ou suborbiculaires; pédicelles à articulation non basilaire; bractées primaires foliacées au sommet, persistant assez longtemps . . . . *R. Wichuraiana.*

11 { Inflorescence pyramidale, munies de 3 feuilles ou davantage, à bractées primaires foliacées au sommet; ramuscules inférieurs de l'inflorescence ord. munis de 1 ou plusieurs feuilles 3-1-foliolées . . . . *R. tunquinensis.*
Inflorescence ombelliforme, à 1 plus rarement 2 feuilles, à bractées primaires non foliacées au sommet; ramuscules inférieurs de l'inflorescence non munis de feuilles . . *R. moschata.*

III.

CONSIDÉRATIONS SUR LA VALEUR RELATIVE DES ESPÈCES ET SUR LEUR CLASSEMENT.

La question de la valeur relative des espèces a déjà été traitée par moi dans une notice (*Sur l'inégalité de valeur des espèces dites linnéennes*) insérée dans le tome **XXXII** du *Bulletin de la Société botanique de France*, pages **LII-LIV, 1885**). Dans les considérations sur ce sujet, je m'appuie spécialement sur les Roses de la section *Synstylae.*

Il paraît aujourd'hui hors de doute que les espèces dites linnéennes, celles qui sont admises par la généralité des botanistes comme de bons types spécifiques, n'ont pas toutes une valeur égale. Il en est qui sont très nettement caractérisées, dont les caractères morphologiques et biologiques éclatent aux yeux et ne laissent aucune incertitude dans l'esprit de l'observateur; il en est d'autres dont les caractères sont moins saillants, qui exigent une étude plus attentive; enfin il en existe qui inspirent des doutes sur leur autonomie spécifique. Dans nos livres, toutes ces espèces occupent le même rang et sont estimées à la même valeur.

Y-a-t-il une réelle inégalité entre ces espèces ou l'inégalité n'est-elle qu'apparente? Ne peut-il se faire que certains caractères, placés en première ligne, ne soient, au fond, pas plus importants que d'autres caractères relégués au second plan? En un mot, ne s'agirait-il ici que d'une question d'appréciation variant avec les observateurs? On peut bien concéder que l'importance accordée à certains caractères sur d'autres ne soit plus ou moins arbitraire, qu'elle dépend du point de vue où se place le phytographe ou de son degré d'expérience, mais il n'en reste pas moins vrai qu'il existe et doit exister des caractères distinctifs primordiaux sur lesquels tous les observateurs consciencieux et expérimentés finissent par tomber d'accord, que ces caractères primordiaux sont accompagnés de caractères d'un ordre secondaire plus ou moins nombreux.

Ce point étant admis, on est forcé d'accepter, comme conséquence, l'inégalité des espèces, puisque les unes possèdent des caractères distinctifs ou plus nombreux ou plus importants que les autres.

Si les Roses synstylées constituaient à elles seules un genre, on serait peut être tenté de les subdiviser en six sections :

1. *R. microcarpa.*
2. *R. multiflora, R. Luciae, R. Wichuraiana, R. tunquinensis.*
3. *R. phoenicia.*
4. *R. moschata, R. sempervirens, R. arvensis.*
5. *R. anemonaeflora.*
6. *R. setigera.*

4

Je dis *peut-être*, parce que les espèces étant reliées entre elles par des affinités multiples, il est très difficile de combiner les affinités de façon à les coordonner sans donner prise à des objections. Cette difficulté de coordination est analogue à celle qu'on éprouve pour l'arrangement des genres dans une famille.

Si nous soumettons les six subdivisions précédentes à un examen attentif, nous trouverons que le *R. microcarpa*, avec ses stipules libres et ses autres caractères, mérite de rester isolé, que les *R. moschata, R. sempervirens* et *R. arvensis* sont des espèces suffisamment affines pour rester associées, que les *R. phoenicia, R. anemonaeflora* et *R. setigera* peuvent, à leur tour, rester isolés, mais que le groupe formé par les *R. multiflora, R. Luciae, R. Wichuraiana* et *R. tunquinensis* n'a peut-être pas le même degré d'homogénéité que le groupe du *R. moschata.*

Maintenant, qu'elle peut être la valeur respective des onze espèces de la section des *Synstylae?* Ont-elles toutes une valeur spécifique absolument égale, ou, en d'autres termes, chacune d'elle occupe-t-elle la même place sur l'arbre généalogique du genre *Rosa?* Je ne le pense pas. Les quatre types isolés dans le classement précité constituent peut-être quatre ramifications particulières de l'arbre généalogique du genre *Rosa*, tandis que les deux groupes des *R. multiflora* et *R. moschata* représentent deux autres ramifications du même dégré que les précédentes, mais ayant subi des subdivisions par suite de l'évolution. Les espèces qui représentent ces subdivisions pourraient donc appartenir à un stade plus avancé que les espèces isolées reprises sous les n°° 1, 3, 5 et 6 et avoir entre elles des affinités plus étroites. J'ai dit

pourraient appartenir à un autre stade, parce qu'il a pu se
faire que les ramifications représentant ces nos 1, 3, 5 et
6 ne sont terminées chacune par une seule espèce que
parce que ces ramifications ont perdu, dans le cours des
temps, une ou plusieurs subdivisions.

Il est vraisemblable qu'un avenir éloigné réserve aux
ramifications actuelles de l'arbre généalogique du genre
Rosa de nouvelles subdivisions, qui seront un jour
admises comme espèces; seulement ces futures espèces
formeront sans doute des faiscaux ou, si l'on veut, des
subdivisions du genre où l'affinité entre les espèces sera
plus étroite qu'à l'époque actuelle.

En résumé, j'estime que les types isolés dans les
sections ou les sous-sections ont, en général, une valeur
spécifique supérieure à celle des types constituant des
faisceaux dans les sections ou les sous-sections pléiotypes.
Si la démonstration de ce fait peut soulever quelques
objections et ne pas paraître absolument probante pour ce
qui concerne les *Synstylae* considérées isolément, elle ne
me paraît laisser aucun doute quand on embrasse le
genre tout entier.

Pour apprécier sainement les espèces dans un genre
quelconque et pour en tirer des conclusions suffisamment
fondées, il est indispensable d'embrasser le genre dans
son ensemble. En bornant ses études à un fragment du
groupe générique, on risque beaucoup de se faire des
idées plus ou moins fausses sur les caractères spécifiques
et d'en arriver à des conclusions générales sujettes à de
sérieuses objections.

IV.

DISTRIBUTION GÉOGRAPHIQUE DES SYNSTYLAE.

Pour traiter complètement la distribution géographique des *Synstylae*, je devrais y consacrer un très long chapitre, parce qu'il faudrait avoir recours à de nombreuses données climatologiques. Je me contenterai, pour le moment, d'exposer les simples faits de distribution tels qu'on peut les établir avec les matériaux recueillis jusqu'à présent.

Dans l'extrême Orient, au Japon, la section des *Synstylae* s'élève, au Nord, jusque dans l'île d'Yéso, au-delà du 40° degré. Dans cette île, existe le *R. multiflora* et peut-être les *R. Luciae* et *R. Wichuraiana*. Les *Synstylae* ne sont plus représentées au Kamtschatka et elles n'ont point contourné le continent asiatique pour gagner le nord de l'Amérique, comme l'ont fait le *R. acicularis* et des représentants de la section des *Cinnamomeae*. Ce fait peut s'expliquer par la nature plus délicate des *Synstylae*, qui redoutent les climats rudes.

En passant sur le continent asiatique, nous trouvons la section représentée par le *R. Maximowicziana* à la baie Possiet ou Possjet, sur les côtes de la Mandschourie, vers le 42° degré. Le *R. multiflora* existe en Corée.

La limite septentrionale des *Synstylae* s'infléchit vers le Midi en Chine et dans l'Inde, où elle descend, avec le *R. moschata*, jusque vers le 30°, pour se relever en Perse, avec le *R. moschata*, vers le 36°, et en Europe, avec le *R. arvensis*, jusque vers le 56° aux environs d'Édimbourg.

La limite septentrionale des *Synstylae*, dans l'ancien

monde, décrit un immense arc de cercle dont l'extrémité orientale aboutit à l'île d'Yéso et l'extrémité occidentale, en Écosse.

En Amérique, cette limite paraît passer, avec le *R. setigera*, vers le 42° ou le 43°.

Quant à la limite méridionale des *Synstylae*, elle ne semble pas dépasser, à l'extrémité du continent asiatique (Tonkin) le 20°; elle passe, avec le *R. moschata* var. *longicuspis*, dans les monts Khassia entre le 26° et le 25°, mais plus vers l'ouest elle descend jusqu'au 11° dans les Nila-Girr ou Nilagiri avec le *R. moschata* var. *Leschenaultiana*. En passant dans la partie orientale de l'Afrique, cette limite se poursuit vers le 12° dans les montagnes de l'Abyssinie avec le *R. moschata* var. *abyssinica*. Plus à l'ouest, elle se relève brusquement pour gagner les régions littorales du bassin de la Méditerrannée avec le *R. sempervirens*, entre les 30° et 38°.

Dans l'Amérique du Nord, le *R. setigera*, qui ne dépassent pas les Montagnes Rocheuses à l'ouest, a sa limite méridionale passant, dit-on, par la Floride, c'est-à-dire pas au-delà du 26°, puis par la Caroline du Sud et par le Nord du Texas, c'est-à-dire pas au-delà du 30°.

Si le nombre des espèces peut déterminer le centre de création ou, si l'on veut, le centre de dispersion, on devra considérer la Chine avec le Tonkin, en nous basant sur nos connaissances actuelles, comme le centre de dispersion des *Synstylae*. Cette région compte 7 *Synstylae* dont 3 lui sont propres (*R. microcarpa, R. anemonaeflora* et *R. tunquinensis*), tandis que le Japon n'en nourrit que 3 (*R. multiflora, R. Luciae* et *R. Wichuraiana*) dont aucune ne lui est propre, mais peut-être en possède-t-elle une quatrième qui lui serait particulière.

La partie centrale de l'Asie n'a qu'une espèce, le *R. moschata*. Son extrémité occidentale présente le *R. phoenicia*.

L'Europe, avec la partie tout à fait septentrionale de l'Afrique, ne compte que deux espèces : les *R. sempervirens* et *R. arvensis*.

Enfin, dans l'Amérique du Nord, la section est réduite à un type unique : le *R. setigera*. La partie occidentale du continent américain, au-delà des Montagnes Rocheuses, est complètement privée de *Synstylae*.

V.

APERÇU HISTORIQUE SUR LA SECTION DES SYNSTYLAE.

La deuxième édition du *Species plantarum* de Linné, qui date de 1762, ne mentionne qu'une seule Synstylée, le *R. sempervirens* L.

Avant cette époque, le *R. moschata* Mill. était déjà connu depuis longtemps; Clusius, Dodoens, Bauhin et d'autres auteurs anciens en avaient déjà parlé, mais il est probable qu'il était resté inconnu à Linné. Donn en fait remonter l'introduction, dans nos jardins, à l'année 1596. C'est Miller, dans la 8e édition de son *Gardeners' Dictionnary* (1768) qui le tire de l'oubli. En 1787, Ehrhart, dans le 2e volume de ses *Beiträge zur Naturkunde* (1787), change son nom de *R. moschata* en celui de *R. opsostemma*. A cette époque, on ignorait encore la patrie de cette espèce ; même en 1820, Lindley n'avait pas de données certaines sur son lieu d'origine.

Le *R. arvensis* Huds., espèce largement répandue dans toute l'Europe moyenne, ne fut distingué qu'en 1762, dans la 1ᵣₑ édition du *Flora Anglica* d'Hudson. Ehrhart (loc. cit.) changea ce nom en celui de *R. Herporhodon*.

En 1784, Thunberg, dans son *Flora Japonica*, décrit une nouvelle espèce de Synstylées, originaire du Japon, sous le nom de *R. multiflora*.

Au commencement de ce siècle, en 1803, Michaux, dans son *Flora Boreali-Americana*, distingue le *R. setigera*. C'est cette même espèce qui, en 1811, dans l'*Hortus Kiewensis*, est décrite sous le nom de *R. rubifolia* R. Br. et dont une variation reçut, en 1815, dans la 8ᵉ édition de l'*Hortus Cantabrigiensis*, celui de *R. fenestrata* Don. Dans la monographie de Lindley, publiée en 1820, la section des Synstylées comprend les espèces précédemment citées (*R. sempervirens, R. moschata, R. arvensis, R. multiflora* et *R. setigera*), plus trois autres espèces : *R. abyssinica* R. Br., *R. prostrata* DC. et *R. Brunonii* Lindl. Il faut, en outre, y comprendre le *R. microcarpa* Lindl. que l'auteur avait erronément classé dans la section des Banksiées.

Des additions de Lindley, une seule est valable, celle du *R. microcarpa :* le *R. abyssinica* R. Br., appelé plus tard *R. Schimperiana* Hochst. et Steud. et le *R. Brunonii* Lindl. sont des variétés du *R. moschata*, et le *R. prostrata* DC. n'est qu'une variété du *R. sempervirens*. En 1820, on ne connaissait donc que six espèces véritables de Synstylées.

Wight et Arnott, en 1834, dans leur *Prodromus peninsulae Indiae orientalis*, décrivent, sous le nom de *R. Leschenaultiana*, une variété du *R. moschata* que Thory et Redouté avaient déjà figurée et décrite sous le nom de *R. sempervirens Leschenaultiana* (1824).

En 1844, Siebold et Zuccarini ont publié leur *R.*

polyantha, qui n'est rien autre que le *R. multiflora*.
Celui-ci a reçu, en 1868, les noms nouveaux de *R. intermedia* Carrière et *R. thyrsiflora* Leroy et, en 1869, celui
de *R. Wichurae* K. Koch.

Plus tard (1861), Bertoloni a décrit une variété du
R. moschata, originaire des monts Khassia, sous le nom
de *R. longicuspis*.

Le *R. ruscinonensis* Gren. et Déségl., créé en 1864,
est simplement une variation du *R. moschata*.

Hance, en 1868, a décrit, sous le nom de *R. amoyensis*,
le *R. microcarpa* Lindl., connu depuis 1820.

Moi-même, en 1874, trompé par une anomalie extraordinaire, j'ai décrit, sous le nom de *R. Davidi*, une variété
du *R. macrophylla* Lindl. à styles réunis en une colonne
égalant les étamines.

Je ne crois pas devoir tenir compte ici des nombreuses
prétendues espèces de Synstylées créées aux dépens des
R. arvensis et *R. sempervirens*. Ces créations artificielles ne peuvent guère être utilement rappelées que
dans les observations concernant la variabilité à laquelle
les divers organes des espèces sont sujets.

Depuis la création, en 1820, du *R. microcarpa*, la
section des Synstylées ne s'était enrichie d'aucune véritable espèce. En 1847, nous la voyons s'accroître du
R. anemonaeflora Fort., en 1849, du *R. phoenicia* Boiss.,
dont une variation a été désignée en 1885, sous le nom
de *R. chlorocarpa* H. Braun, en 1871, du *R. Luciae*
Franch. et Rochebr. et enfin, cette année, des *R. Wichuraiana* Crép. et *R. tunquinensis* Crép.

Peut-être, dans un avenir peu éloigné, verrons-nous
une douzième espèce venir s'ajouter à la section. Ce
nouveau type pourra fort bien être la Rose que M. T.

Takasima a figurée dans le cahier de juillet dernier de la *Revue des Roses* de M. Cochet sous le nᵒ 4, et qu'il considère comme une variété du *R. multiflora*. Cette Rose croît à une altitude très élevée (environ 3000 mètres) dans les hautes montagnes (Fuji-no-yama) au voisinage d'Yédo. Si cette espèce est inédite, on pourra, à juste titre, lui donner le nom de *R. Takasimae*, en l'honneur de son inventeur.